오랑캐꽃

이 도서의 국립중앙도서관 출판시도서목록(CIP)은 e-CIP 홈페이지
(http://www.nl.go.kr/cip.php)에서 이용하실 수 있습니다.
(CIP 제어번호 : CIP2013000917)

예옥 시선 001
오랑캐꽃

2013년 2월 22일 초판 1쇄 펴냄

지은이 | 성화 스님
펴낸이 | 최병수
편집 | 권영임 백서윤

펴낸곳 | 예옥
등록 | 제2005-64호(2005.12.20)
주소 | (121-816) 서울 마포구 동교동 155-27 홍익인간 오피스텔 921호
전화 | 3142-4787 팩스 | 3142-4784

ISBN 978-89-93241-34-1 03810

예옥 시선 001

오랑캐꽃

성화 스님 시집

예옥

| 시인의 말 |

격동의 꿈 많던 1980년, 검사가 꿈이었던 나는 학교에서 발생한 시위 배후자로 지목되어 군인이 참여한 약식재판에서 어떤 판결을 받았는지 알 수 없었으나 강원도 어느 골짜기 공수부대로 끌려가서 실컷 얻어맞고 말로는 형용할 수 없는 공포와 고통의 20일을 보내고 돌아와서 억울함과 분노로 학업을 포기했다. 그리고 먼저 시험에 합격한 공무원 생활을 순탄하지 않게 시작했다.

나의 꿈과 희망을 송두리째 빼앗겨 버리고 할 수 없이 시작한 공무원 생활, 아팠지만 그래도 최선을 다했다. 그러나 꿈이 꺾여버린 현실 속에서 방황과 번민하다가 '유안진' 님의 『지란지교를 꿈꾸며』를 읽고 가슴 속에 응어리를 글로 표현하기 시작했다. 글로 표현되는 마음을 통해 짓누르던 아픔을 덜어내고 한 구절 한 구절 모았더니 어설프게 시 아닌 시처럼 되어버렸다.

젊은 날 굴곡의 삶에서 아픔을 느낄 때마다 습작처럼 노트에 그렸던 마음, 어느새 내 젊은 날의 일부가 되었고 그런 방황의 시간을 지내다가 새로운 인생을 출발하는 출가出家를 결정하고선 그동안 가졌던 모든 것을 하나하나 태울 때 차마 태우지 못하고 집 어딘가에 던져놓았던 글 일부와, 수행 생활하면서 느꼈던 마음을 표현했던 글을 가지고 있다가 일산노인종합복지관장으로 "어르신 백일장 대회"를 개최하면서 심사위원으로 모셨던 '유안진' 님을 직접 뵙고는 지난 시간이 주마등처럼 떠올라 깊이 간직했던 소중한 골동품을 꺼내는 심정으로 지난 시간의 추억을 책으로 만들 용기를 내었다.

시인이 보면, 시를 좋아하시는 이가 보면 웃겠지만 그래도 소중한 내 마음이니 누군가에게 전해주고 싶어 용기를 내어본다.

끝으로 출가 이래 많은 관심과 격려로 수행자 길을 밝혀주신 은사 정우 큰스님과 변변치 않은 글임에도 좋은 책으로 엮어주신 출판사 관계자 분들께 감사드린다.

차례

제2부 청춘 · 방황

제3부 출가 그리고 구도

제1부

습작의 시작

이름 없는 잎새

가을이 남기고 떠난 흔적에
텅 빈 마음 채우려고
흐느껴 우는 두 줄기 細雨에
나의 가슴 적시웁니다.

노랗게 물든 은행 잎새는
나의 발길 잠재우고
이는 바람 나의 마음 흔들어 놉니다.

널 향한 나의 사랑은
한 순간에 공허한 꿈이 되어
다시 되돌아 올 수 없는 먼 길을
가을을 남기고 떠난 낙엽처럼
정처 없이 방황하고 있습니다.

부는 바람에 채이고
쌍쌍이 다정스레 걷는

뭇 여인들의
발길에 짓밟힌 아픔은
지울 수 없는 커다란 상처 되어
늘 당신 곁에 머물고 있습니다.

쓸고 나면 떨어지고
다 떨어지면
다음해에 다시 떨어지는
낙엽처럼
당신을 향한 나의 사랑
매년 새롭게 떨어지는 이름 없는
잎새가 되렵니다.

내가 사는 집

황혼 너머로 어둠이 뚝뚝 떨어지면
알알이 맺힌 기쁨을 안고 전철을 탄다
만원인 그곳엔
몸과 마음 헤집고 새 소식 나르는 신문 파는 청년도 있고
말세末世라 외치며 예수 믿고 구원받으라는 전도사가 있고
엄마젖 물고 있는 아기에 졸고 있는 노인까지
저마다의 모습으로 가득 찼다.

달리는 전동차 한강 건너 노량진 골목어귀에 이르면
멀리 보이는 산등성 후미진 곳에
기다리는 이 없어도 내가 사는 포근한 집이 보인다
그도
나이가 먹은 지라 탈색됐고 허름해보여도
봄엔 여인 입술 같은 라일락 피고
여름엔 입맛 돋우는 상추가 자라며

가을엔 수줍은 처녀애 같은 능금이 익는다.

유유자적 세상 보는 걸음으로 지나면
펄펄 살아 물고동치는 생선집이 보이고
예쁘게 꾸며놓은 가구점도 보이고
많은 사람 오가는 삼거리 시장도 보인다.

사는 게 뭔지
어젠 빵을 샀고
오늘은 라면 사들고 집으로 향하니
짙게 깔린 어둠에 총총히 빛나는 달과 별이
웃음 지으며 마중 나온다.

아쉬움

화사했던 자태도
쌀쌀했던 미소도
이제는 잊어야 한다.

순백의 순결함이 가득 찼던 네 몸에
지쳐버린 그리움으로
떨어져버린 혼을
한 잎 한 잎 주우며

고왔던 그날의 추억
사무치는 안타까움으로
부둥켜안아야 했다

네 이름은 목련
내 사랑은 슬픈 미소
꽃이 피면 지고
만나면 헤어지는 것

너와 나 우리들의 역사인데
뉘인들 아니라 할 수 있을까

다시 필 기다림으로
뒤돌아 올 그리움으로
이제는 잊어야 한다.

나의 꿈 나의 사랑

당신을 찾기 위해
여기까지 왔습니다
나의 꿈 나의 사랑

성숙한 가을
풋풋한 젊은 날 사랑 심어주고
낙엽 따라 사라져버린 흔적에
텅 빈 가슴 채웁니다

언제부터인지 한 떨기 들국화 되어
나부끼는 너의 모습
그것은 정녕 내 사랑입니다

촉촉이 젖어드는 가을 밤
새로운 생명수 부어
한 잔에 가슴 깊이 들이키면
온몸에 퍼져오는 그대 향한 나의 사랑

그것은 나의 꿈 나의 사랑입니다

사랑

나의 여인아
아 사랑하는 사람아
네 이름 무엇이더냐
맑고 싱그러움 넘치는
그 웃음에
서려 있는 사랑은 누구 것이더냐
눈앞에 설 듯
손에 잡힐 듯
네 마음은 내 것 아니더냐
못 이룬 사랑에
못 다 핀 애정에
그리운 당신의 마음은
나의 사랑 아니더냐
목련은 피고 져도 순수함은 영원하듯
그댈 향한 내 사랑
내 생명 다시 필 때까지
영원하리라

꽃샘추위

아지랑이 따라
땅 끝까지 찾아온 봄
사월에 내리는 눈에 놀라
뒷걸음쳐 버리네

거리의 처녀들
성급하게 입은 봄옷에
온몸 떨려
음악 흐르는 카페에서
마음 녹이네

언제쯤
꽃샘추위 물러나고
진짜 봄 올까나

전선의 밤

밤이 되면 별이 빛나고
별들이 반짝이면 내 마음 고향에 있소
고향의 밤은 곱기만 하고
휑그러니 뜬 달님은 향수를 못 이기게 하네
서울의 네온사인 같은 저 별들은 가슴을 들뜨게만 하네
한없는 외로움과 고독에 쌓인 나
외쳐 부른다
낙엽이여 빨리
외로운 밤이면 한없이 긴 편지를 쓰고 싶어진다
아무에게도 알려주지 못할 나의 고독을…….

소녀야

소녀야, 소녀야
예쁜 소녀야
너는 어디에서 와서
어디로 갔느냐
젊은 날 빈 가슴에
취하도록 술 먹여놓고
점점 붉어지는 눈가에
정열을 심어줬던 소녀야
너는 어디에 있느냐
대답일랑 말고
바라만 보고 있어다오

소녀야, 소녀야
예쁜 소녀야
왜 내 곁을 떠나지 않느냐
왜 잊히지 않느냐
잊고 싶다

지워버리고 싶다

소녀야, 소녀야
예쁜 소녀야
메아리에서 나와
내 곁에 있어다오
다시 널 볼 수 있도록

하얀 꽃

하얀 꽃이 피기 시작했습니다.
이름은 알 수 없습니다.
다만 하얀 꽃이라 부르고 싶습니다
싱그러운 대지 위에
빨 · 주 · 노…… 오색영롱한
화려함은 없지만
저기 핀 이름 없는 하얀 꽃이 좋았습니다
말없이
여인처럼 소박하게 피었지만
그 순수함에 눈멀었습니다
장미의 정열
아카시아 향기는 없지만
잔바람에 흔들리는 모습이
좋았습니다
한 줌 손에 넣어
두어 평 남짓 외로움 흐르는 침실에 놓고
혼자 보고 싶지만

아름다운 생명 작아질까봐
먼발치에서 보고 있습니다

아쉬움

숨 막히는 기다림에 지친
슬픈 내 사랑
이름 없는 잡초 되었다.
잊힌 현실 속에
꿈의 아득함 싣고 몇 발자국 옮겨보지만
나그네 눈길마저 주지 않는 외로움 속에
멍들어 버린 가슴만 죄어온다.
다시 장미의 화려함도
목련의 순박한 꿈도 꾸지 않으며
고통스러우면 고통스러운 채로
가슴 아프면 아픈 채로 살라 한다.
이름 없는 잡초여
너의 말없는 침묵에
그리움 묻고
사무치는 안타까운 사랑을
아침 이슬에 지워버린다.

농촌의 아들

시월의 달빛 아래
코스모스 활짝 핀 그 길을 걸었다.
솔솔 이는 바람에
알알이 영근 벼 이삭은 춤을 추고
풍년을 맞는 가슴은
가을의 풍요로움 그대로이다
먹지 않아도 배고프지 않고
열심히 땀 흘려도 힘들지 않는
행복
농촌의 아들임이 자랑스러워라
지게 지고 썩은 거름 만질 때마다
복받치는 서울의 동경을
흙냄새에 묻고
묵묵히 지낸 뜨거운 여름
풍년을 기약하는 기쁨 속에
나는 농촌의 아들임을 외치노라

나는 행복幸福한 사람

아침에 일어나
매일 또 같은 시간에
늘 같은 버스를 타기 위해 허둥댄다
상쾌한 아침이슬 마시며
움직이는 바쁜 걸음걸이
사무실에 들어와
기다리는 한 잔의 모닝 차
난 정말 행복한 사람이야

아침

떨리는 시계소리에
기나긴 밤이 연하여
새로운 아침을 찾는다
꿈의 행복 속에 현실의 아픔 잊고
두 손 모아 기도하면
어느새 연약한 한 인간이 되어
나의 행복 간구한다
밀려오는 너의 침묵이
날 깨우고
외쳐대는 나의 꿈은
그냥 무언으로 흐른다
듣지 못한 떨리는 시계소리에
잠 못 이루며
어제와 내일을 생각하니
곱게 와 닿는 건 엷은 눈까풀뿐
이 밤이 새고 나면 아침이 밝아오는데
난 무엇을 기다릴까

친구여 힘을 내소서

뜬눈으로 지새운 밤
아픔으로 지새운 밤
형용할 수 없는 충격에 벙어리가 되었소
다정한 친구였기에
할 말을 잊었나 보오
모두 떠난다 해도 너만은 지킬 줄 알았던 친구였는데
병이 되어 남을 줄이야
작은 가슴에 찾아온 충격
억제치 못하고 말았소
눈물 보이지 않으려고 무한정 걷고 있지만
보이지 않는 지평선에 발 묶이고는
갈 곳을 잃어
마음을 잃어
방황하는 난 그만 눈물보이고 말았소
한 줄기 폭풍우가 몰아치고 난 흔적
꺾어버린 가슴에 희망을 맞대고는
한없이 어루만지고 있소

꺼져가는 불꽃에 부는 바람은
절망을 뜻하지만
난 새로운 희망이 되길 원하고 있소
친구여 부디 힘을 내소서
친구여 힘을…….

* 진한 친구가 불치병으로 투병생활하고 있을 때

가을하늘의 봄바람

오늘은 정월 초파일
울적한 마음 달래려고
자유공원*엘 올랐다.
지금 시간 7시 30분
주위에 어둠은 짙게 깔리었지만
밤하늘에서 느끼는 감상
불어오는 바람은 봄바람이오
보이는 하늘은 가을하늘이라
겨울에
봄바람과 가을하늘을 느끼는 사람은
나뿐인가 하노라

* 자유공원: 인천에 있는 공원이름

까치

까치야, 까치야
너는 길조라지
까치야, 까치야
넌 님 소식 전한다지
까치야, 까치야
우리 님 어디에 있느냐
내 사랑 전해주렴

희망

아직 사월인데
못 다한 삶에 미련을 두고
푸른 잎 찬바람에
낙엽되어 진다
떨어지지 않으려고
몸서리치는 네 모습에
기나긴 번민에 지쳤던
죽은 듯한 내 마음
새로운 파랑이 일고
새로운 희망에 부픈 난
새순되어 다시 핀다

탄생

엄마 아빠 사랑으로
잉태 돼
열 달 삼백 날 엄마 뱃속에서 지내다가
세상 보고 싶어
울며불며 나와
처음엔 기었다가
아장아장 뒤뚱거리며 걷다가
그리고 뛰었다가
어여쁜 십 대 옹기종기 솟은 여드름에
가슴 조이며 꿈과 낭만 키웠고
어엿한 숙녀 되어버린 지금
내 태어난 의미 되새기면
날 낳아주신
부모님 사랑과
날 지켜주는 모든 사람이
더욱 고마워라

하루

괴로운 마음
서글픈 생각
하루는 지났지만
아쉬움 남아
돌이켜 그리워할 때
이미 때는 늦었네
하루는 영원히 내 곁을 떠나
달 속으로 여운도 없이
들어가 버렸네

목련

그립고 보고픈 한 송이 목련
머언 날 기다리는 마음
내 맘에 향기 불어 넣어주네

희고 하얀 목련
민족의 정기
내 맘에 한 송이 꽃이 되었네

아름다운 자태 자랑하는 목련
바람에 장단 맞춰 춤을 추네
꽃 꽃 목련꽃 나의 꽃이여

나의 맘

떨어진 낙엽처럼 흐트러진 나의 맘
가랑비에 위로하며 미지의 곳으로 걷는다
오늘은 외롭고 슬프더라도 내일은 밝고 기쁘게.

텅 빈 나의 맘 불안, 공포, 비애로 가득 찼네
이 아픔 잊으려고 가랑비 속을 걷는다
오늘은 괴롭고 아프더라도 내일은 희망차고 즐겁게.

무거운 짐에 짓눌린 나의 맘
이 짐 씻어버리려고 가랑비를 맞는다
오늘은 무겁고 힘들더라도 내일은 행복하게.

비

창 밖에 비가 내린다
그리운 비가 내린다
한밤에 주룩주룩 비가 내린다
비는 좋고도 나쁜 것
비야 영원히 좋아 하자꾸나

풍년

들판에 황금물결 출렁이며
풍년가를 노래하네
농부의 두 볼은 미소 머금고
손은 낫을 갈고 있네
농부의 땀과 정성이 황금들녘에 출렁이며
풍년을 노래하네

사계절

긴 잠에서 깨어나 기지개 펴며 하품하는 다람쥐
향기로움 가득한 영내에서
떨어지는 아카시아 꽃잎 쓸다보면 봄은 가고

무더위에 시달려 시원한 그늘 찾고
지루한 장마에 미사토 깔고
푸념 섞인 한숨에 땀 흘리다 보면
여름은 손 흔들고

고남산* 붉게 물들어
저녁놀에 불타는 하늘 바라보고 감탄사 연발하다 보면
떨어진 낙엽 밟으면서 고개 숙여 가을 보내고

-25°C 웃도는 추위에 발을 동동 구르고
19번 도로 눈 치우다 지나가는 아가씨 엷은 미소에
우리 님 생각하다 보면 겨울은 지나간다.

* 고남산: 경기 포천에 있는 산

어린 시절

I

검정 고무신 신고
싸리나무 하나 들고
구부러진 철사에
개구리 잡으러 앞산에 올랐지
한 꾸러미 잡아
뒷다리 찢어
잔솔가지 위에 올려놓고
불붙이면
하얗게 익는 냄새는
군침을 돌게 했다지
굵은 소금 쳐서
한입에 넣으면
파리 떼 고기 맛본 양
정신없이 먹었지

II

소꿉장난 하던 철이와
내 키보다 훨씬 큰 대나무 들고
뒷산어귀에 밤 따러 갔었지
잘 벌어진 알밤 머리 때리고
이따금씩 떨어지는 밤송이에
온몸 찔려 피맺힌 자국
찔끔찔끔 눈물 흘리며
주머니마다 알밤 넣어
눈물 콧물 섞어 먹던 그 맛
짭짤함과 달콤한 어린 시절 추억이었지

III

막 코 뚫은 송아지 끌고
연한 풀 돋아 있는
개울가에서 버들피리 불며
소 풀 뜯기다

햇살에 못 이겨 풀밭에 쓰러져
꿈속의 선녀님 보면
집에 가자고 혓바닥으로 깨우는
내 친구 송아지 보챔으로
개선장군 되어 돌아온다
저녁놀 질 때면
호야 닦아 등잔불 피우고
아물거리는 불빛 아래
청운 꿈 불태우다
잠들어 버리면
포근한 어머님 손길에 사랑을 느끼며
행복했었지

감사하는 마음

연록이 초록으로 변화되는
싱그러운 실록의 계절
오월 십오일이면
그대의 기념일이랍니다.
귀염둥이 철수 녀석이
당신의 작은 가슴에 꽃을 달아드리는
정성으로
축하합니다.
보다 많은 정성으로
더 많은 사랑으로
내일의 희망 가꾸소서
그간의 은혜에 감사드립니다

고추잠자리

시소 미끄럼틀 사이로
아장아장 걷는 초롱초롱 맑은 얼굴
고사리 손으로
바람에 흔들거리는 코스모스 위의 고추잠자리
잡으러 좇지만
모자이크 눈엔 반짝반짝 웃음만 보인다
앉았다 떴다
제성에 못 이겨 땅바닥 치며 우는 아이 앞으로
파르르 다가서는 고추잠자리

제2부

청춘 · 방황

못 다한 사랑

흘러가는 옛 기억
빨갛게 물들어 몸속에 스미면
돌이킬 수 없는 아쉬움에
저려오는 가슴
어이할 수 없구나

철없이 좋아한 그대 미소
달콤한 향수처럼 느껴지는 네 목소리
그것은
진정 사랑이었구나
휘몰아치는 비바람 폭풍우도
휘양 찬란한 서울의 불빛도
청순한 그대 모습 지우지 못하니
정말 아름답고 고귀한 사랑이었구나

한 번만 더
한 번만 더 그대 사랑할 수 있다면

영생불멸 사랑할 텐데
그대가 아쉽구나
사랑이 아쉽구나

희미해지는 기억
옛사랑으로 남아 가슴에 스미면
못 다한 사랑에
저려오는 가슴 어이할 수 없구나

부활

아기 눈물 찾을 것 같은
검은 구름
성난 몸짓으로 하늘 찾고
방향 없는 나그네 발길 재촉한다.

철 이른 어젠
꿈도 젊음도 있었고 사랑도 있었는데
이젠
몸도 마음도 병들어
세상을 잃는구나
긴 상념에
못 다한 한 생一生의 설움

성난 검은 구름 하늘 때려
눈물 쏟으니
튀고, 뿌리고 쓸며 모두가 아우성

비 온 뒤 한줄기 빛 따라
영롱한 오색무지개 서녘에 비추니
황혼의 서기인가
재생의 축복인가
방향 없는 나그네
가던 길 멈춘다

향수

창밖에
뿌연 안개 그리움 잉태해
보고 싶은 얼굴 밀물처럼 떠오른다

잊혀졌던 기억 사이로
옛 사랑도 찾아오고
고뇌하던 젊음도 찾아와
옛 생각에 잠든다

방황하는 젊음이 있어
애틋한 사랑이 있어
고독이 빛나는 밤

진한 담배연기 속으로
속세에 찌든 향수 담아
지난날 내 젊음 뒤로 고이 보낸다

물망초

붉은 저녁놀 어둠이 삼키고
고독의 그림자 밀려온다
일렁이며 물결 위로 살포시 내리는
아쉬움
못 다한 미련 아니겠는가
아름답다하여 다 볼 수 없고
지울 수 없다하여 다 기억할 수 없는
시련에
커 가는 죄의 씨를 매만져본다
미움과 증오의 갈등 심어놓고
의미 없는 엷은 미소 뿌리는
눈가엔
나 아닌 내가 되어 남고
덜 익은 푸성귀처럼
철없는 놀음에 가엾음이 앞을 가린다
화사한 여인으로 만개한 장미 속을 거닐며
무지개 핀 미래 그려보지만

장밋빛보다 잿빛이 크게 보여라
졸졸 흐르는 똘창골 물은
흘러 흘러 바다에 누워
꿈같이 사라셔 이름 없는 곳 향해 떠나지만
마음에 남아 있는 사랑
물망초 되누나

오랑캐꽃

연보라빛 오랑캐꽃
한겨울 굽힘없이
인내와 용기로
모진 눈보라 이겨
봄,
아름다운 연보라빛
오랑캐꽃 피우네

방房

어두운 그림자
드리운
한 평 남짓 고독의 방
한 쪽 부서진 책상
빛바랜 책
먼지 낀 시화만 조용히 숨 쉰다

어제 그녀 사랑할 땐
터질 듯
밤마다 가슴만 타고

그녀 위한 밤의 축제
움직이는 펜을 따라
백지 위에 펼쳤는데

지금은 간 곳 없다
아름답다 하기엔 애달프고

잊었다 하기엔 아쉽다

음산함이 넘치는 싸늘한 은신처
푸른 하늘 힘차게 날던
갈매기 꿈도
부딪치는 파도처럼 산산이 부서져
모래 위에 떨어지고
가슴 때리는 사랑의 물결
차가운 당신 손짓에
뼛속을 스미는 고독으로 흐른다

눈물

이제라도 잊으라 하시면
잊겠습니다
보고 싶어도 아니 보고 싶다
말하겠습니다
불현 듯 당신이 그리워도
잊겠다 말하며
눈물 보이겠습니다

작은 사랑과 큰 이별

끊겨진 숨소리
잠들어 버린 밤을 의식했다
퉁탕거리던 소음도
광활한 폭염도
잠들어 버린 채
고요 속에 고개 숙이며 기도한다
잊으려 해도
추억이
되살아난 영상에 고개 젓는다
사랑은 아니었다
사랑도 아니었다
눈물이었다
깊어가는 밤을 다시 의식했다
눈감은 모습에 잠 못 이루는 너
우린 사랑이 아니었다
다만 눈물이었다

추억

가슴에 스며든
소리 없는 아우성
나는 연필로 그들을 그렸다
어느 때는 숨 막히고
어느 때는 애타고
때론 불타는 정열
한낮 소나기처럼
스쳐 지나가는 바람
송화가루 휘날리듯
감싸고 사라졌다
옷깃에 남는
너의 채취는
마음에 남아 있는 사랑처럼
영원히 남는다

가까이 하기엔

한 잔 술을 마시고 싶다
그의 이름을 불러보고 싶다
아름다운 이름
Y.S.
언젠가는
추억으로 남을 女人이지만
멀리하기엔
마음이 너무나, 너무나

추상

성숙한 가을이
풋풋한 사랑을 남기고
떨어지는 낙엽처럼
내 곁을 떠나갔습니다
여름날 따가운 태양같이
강하고 정열적인 사랑은
하나의 꿈이 되고
부는 바람처럼
내 곁을 떠나갔습니다
뒹구는 낙엽을 붙잡고
이는 바람 잡으려 하지만
그것은 의미 없는 상처일 뿐
깊은 가을 헤어진 육신에
상처는 깊어 가고
외로움에 지쳐 우는 귀뚜라미 몸부림은
가을이 남기고 간 아픔을 노래하듯 합니다
가을은 아픔뿐인가요

못잊어

당신을 잊는다고
말만하면 되는 거요
당신을 만나지 않으면
잊히는 거요
그게 아닙니다
잊겠단 말도
당신을 다시 만나지 않겠다는 것도
못 잊겠단 말 아니요
당신을 잊겠단 말은
더욱 사랑한단 말 아니요
죽어도 못 잊겠단 말을
그렇게 하는 것 아니요
못 잊어…… 하는 말을

덕유사랑

눈 덮인 정상에서
바라보는 덕유산
한 폭의 동양화다
뛰는 심장의 고동
함성으로 외치며
야호!
힘차게 불러본다
메아리쳐 돌아오는 너의 음성
산사나이 가슴에 순정을 심어준다
보고파라 님의 모습
그리워라 나의 사랑

어느 날 그대와의 대화

추억이 꿈의 낙엽으로 지는 날
그리운 사람과 대화를 나누자
덧없이 바람에 날리어 가는
숱한 밀어들
조용히 그대에게 사랑한다는
대화를

바람이 불면

바람이 불면
바람이 불면
내 마음 흔들리오
지금껏 잘 간직해 왔는데
봄바람에 흔들리는 이 마음 웬일이오
순결처럼 지켰던 그대 사랑하는 맘
폭풍 같은 바람에 씻겨 버리려 하오
보내긴 싫은데
바람보다 마음이 약하니 어떻게 하오
차라리 바람이 없었으면 하오
바람이 불면
잡지 못하는 맘 어떻게 하오
바람이 불면
바람이 불면
보내기 싫은데…….

회상

짙게 찌푸린
이런 날이면
한 잔 커피를 가슴 깊이 들이켜고
사방이 막힌
둘만의 공간에서
떨어지는
눈雪을 주우며
흰옷 입은 소녀의
은은한 향기에
고개 들어
너의 얼굴 마주본다
소박하게 고운
너의 얼굴에
나의 얼굴 묻고
사무친 그리움에
창 넘어 어렴풋 보이는
기억에

우리 걷던
그 옛날
아름다운 그 길을 다시 본다

안개

뿌연 안개가
저 산을 잉태했다
한 폭의
동양화처럼
소박한
아름다움이다
희미한 시계視界에
막연히 피어오른
아련한 너의 모습
슬픔에 잠긴 채
밝아오는 태양
도망치듯 사라지는 너
보고 싶어
그리워
다시 찾지만
안녕이란
말도 없이 가버린

너의 자취 희미하게 남긴
저 산을 바라본다

이별

한 줄기 눈물이 흐릅니다.
서러운 생각이 듭니다
헤어져야 할 이유가 없는데
애절함은 더한 것 같은데
왜 헤어져 남남이 되는
어두운 밤길을 거닐어야 합니까
사랑이 이별의 조건이란
어려운 이야길 알지 못합니다
못 잊겠단 말, 하고 싶지만
그 말이 더 서러움 될까봐
아무 말 하지 못합니다
다 못한 아쉬움
가슴 젖어드는 슬픔에
젊은 시간을 묻고
뒤돌아서는 이 마음엔
잡을 수 없는 눈물이 자꾸자꾸 흐릅니다
님이여 여인이여

부디 행복하소서

침묵 아닌 침묵

할 말은 많은데 말할 수 없었다
침묵 아닌 침묵을 지키고 있다
하고픈 말 무엇이기에
말하지 못함은 무엇인가
꺼져버린 한 조각 불빛처럼
잊힌 한순간 꿈처럼
침묵하지 않는다
말하지도 않는다
자기 속에 대화 아닌 대화를 하고 있는 거다
이건 진정 침묵 아닌 침묵이겠지
말 못하는 대화
어떤 사연 있기에
침묵 아닌 침묵을 지키고 있을까

개나리

네 모습에 봄이 왔음을 알았소
아지랑이는 벌써 하늘로 갔건만
심심하면 찾아오는 꽃샘추위 때문에
이제야 널 보고 알았소
나무엔 연록이 짙어지고
땅은 더워지면서
먼저 온 봄이 저기서 손짓하고 있소
나도 빨리 오라고
길었던 지난겨울
이젠 오지 않으련만
걱정되는 맘은 웬일이요
노란빛 네 모습은 완연히 빛을 내고 있는데

먼 훗날

아름다운 향기 속에
타오르는 젊은 날의 추억
두 손 맞잡고
우리 놀던 빛바랜 그 오솔길
오늘도 한잔의 추억을 마시고
꺼져 가는 저녁놀을 벗 삼아 거닐어 본다
손길 와 닿는 곳마다
눈길 머무는 곳마다
알알이 맺힌 잊히지 않는 기억
심호흡 크게 쉬며
알뜰히 고이 접어
먼 훗날
나의 친구인 나의 동반자인 당신이
뒤돌아 묻거든
지금은 알 수 없는 야릇한 기쁨과
잊을 수 없는 꿈속에서 살았노라
말하리라

기다림

엷게 비치는 조명 아래
내 사랑하는 그를 기다린다
은은한 음악이
"에뜨랑제"*를 채우고
이따금씩 열리는 출입문에
시선 머문다
그는 지금쯤
내게로 향하고 있겠지
만나면 보고 싶었다는 말을 해야지
또 다른 시간이 흘러간다
기다림의 시간은 점점 길어지고
보고 싶은 마음은 자꾸만 커 가는데
그는 아직도…….
사랑은 기다림 속에서 자란다는데
우리 사랑도 이렇게 성숙하는 걸까
사랑하는 마음으로
행복을 기원하는 마음으로

그를 기다리리
밝은 웃음으로
그를 맞으리

* 에뜨랑제: 카페이름

아픔

눈을 들어 먼 산을 본다
떠오르는 여명의 태양처럼
아름다운 추억에 되살아난
우리 사랑
난 목 놓아 외쳐 찾았고
당신은 침묵으로 때론 멸시로 일관했었지
시간이 흘러
남남이 되어버린 지금
먼발치에서 보는 너에 대한 그리움
사랑이 애절하고 고통스럽고 한스럽기도 하다
타인의 님이 되어버린 나
아름답게 도도하게 남아 있는 너
꺼져 가는 촛불처럼
잊히는 기억 속에 아직도 남아 있는
당신 향한 내 사랑을
넌 알 수 없으리
그것이 얼마나 큰 나의 고통인지를…….

내 사람아

우울함에 눈빛이 흐렸다
말없이 쳐다보면
미워지는 쓰라림은
사랑을 싫어했다
뉘 위해 살아 있어야 하고
왜 이 자리에 머물러야 하는가
복받치는 설움에
발길 멈추고
멀리 가버린 너의 작은 발걸음은
애잔한 숨결만 출렁인다
타는 가슴은
지울 수 없는 상처 심어놓고
들이켜는 한 잔 술은
젊은 한恨 새로 새겨
가슴깊이 간직한다
입처럼 고왔던 사람아
그 정 땜에 할 말 없어진다

진주빛 알알이 맺힌 네 눈동자
나의 눈을 덮어
내 마음에 흐르는 뜨거움을
추위에 시달리는 당신 가슴 재워
꿈으로 가득 찬
저 무지개 깔린 길
손잡고 걷고 싶다

못다 배운 사랑

처음
사랑 연습할 땐
황홀한 기쁨으로 알았는데
사랑을 배워
사랑을 느끼면서
황홀만이 아니란 걸 알았습니다

광폭한 파도가 밀려오기도
난폭한 회오리가 불어오기도
뜨거운 태양이 찾아와
울며, 웃으며 불장난 친 그날이
나이가 먹으매
옛사랑
아름다운 추억으로 물들고
상처 된 낙엽으로 떨어져
잔바람에 방황합니다
처음

사랑 연습할 때
낙엽 될 줄 알았다면
사랑을 배우지 않았을 것을

옛사랑1

알 수 없는 사무친 그리움 쏟아져
옛 생각 잠긴다
우수 깃든 슬픈 얼굴
마음 주고 정 주고 사랑 줬던
젊은 그 시절
아, 잊을 수 없는 사랑이구나
먼 시간 지난 지금
마음 설레며 올 것 같은 그 미소
지울 수 없는 얼굴
정든 사랑이구나

옛사랑2

비를 맞으며 걸으니
저려오는 가슴 담배 찾는다
익숙지 않는 서투른 솜씨로 꼬나물고
고르지 않은 호흡
몇 번 들이키니
쓰디쓴 연기 입속에 스미고
울적한 발걸음 방황한다

울퉁불퉁 조그만 사이길
사정없이 달리는 택시
빨간 파편 내 곁에 보내고
양옆에선 흰장미, 붉은 장미
젖은 손 흔들며 날 반긴다
나도
한땐
그처럼 화려했고 수줍은 여인
끝없이 찾았는데…….

비를 맞으며
매캐한 담배연기 날 찾고
담배 물으니
옛 사랑 그립다

남도 들녘

풀냄새 꽃향기
싱그러운 남도 들녘
금빛 아롱진 보리밭
넛들어지게 서 있고

굽이 따라
맑고 투명한 시냇물
실게 늘어진 수양버늘
멋들어지게 서 있고
이름 모를 새
그 속에 노닌다

소원

자식들 도회지 보내고
주름진 얼굴 새까맣게 그을려
넋 잃은 표정으로
갈래갈래 찢어진 문전옥답 부둥켜안고 눈물 흘린다
지은 죄 없거늘
하늘님 무엇이 노여워
강물 마르도록 큰 재앙 주는가
풍년 바라는 소박한 욕심도 죄는 죄이라
청수에 목욕재계하고 돼지 잡아
제물 바치고 하늘님께 비는
우리 어르신들
비를 주시는 하늘의 龍神이시여
순박하고 어지신 우리 어르신 소원 이루어주소서

이별

진한 담배연기
아쉬움 삼키며
그를 보낸다
남는 자의 설움 아는지 하늘에선 눈물 떨어지고
땅 위의 뿌연 안개 가슴 저민다

제3부

출가 그리고 구도

기원

빈 촛대에 불 피우고
금빛 향로에 향 피워놓고

지난 속세이 인연 끊고
대자대비하신 부처님 마음 닮는 것

아픈 사랑 이야기도
쓰라린 지난 시간의 이야기도
인자하신 미소의 부처님께 告하고
영욕에 눈물 흘린다

지난 내 삶이
부처님 앞에선 모두 허울뿐
더 이상 어떤 의미도 없다

사랑에 괴로웠던 순간도
이별의 쓰라렸던 아픔도

작별의 안타까움도
모두 전생의 나의 업보인 걸

밝게 타오르는 촛불에 내 마음 비추고
진한 향 내음에 혼을 담아
부처님 전 무릎 꿇고 엎드려
나의 기원은
대자대비하신 부처님 마음 닮는 것

산행

천근이나 되는 마음 안고
율동공원 영장산 자락 오른다
땀 뻘뻘 흘리며 한 시간쯤 산행하니
정상이다
산을 정복했다는 포만감이 찾아온다
뭇사람 발길 따라 걸으니
집도 있고, 놀이터도 있고, 공터도 있다
허무함이 찾아든다
숨도 참고, 아픈 다리도 참고
앞만 보고 힘든 길 올랐는데
어린아이 놀이터라니
우리 인생도 이와 같겠지
어떤 이는 노력해서 그곳에 갔고
어떤 이는 부모 잘 만나 그곳에 있고
또 어떤 이는 왜 그곳에 있는지도 모르고 있겠지
우리네 삶의 목적이 정상이라면
얼마나 서글플까

그래도 다행인 건
걸어서 올라간 그 길, 그 시간이 내게 소중하다는 것
그래서 보람도 기쁨도 행복도 건강도
내 것이란 것이다

율동공원 영상산: 성남시 분당에 있는 공원과 산 이름

봄비

어젠 안개
오늘은 비가 온다
겨우내
메말랐던 대지엔
뭇생명 숨소리 거칠어지고
성질 급한 놈
벌써 땅 위에 모습 보인다

어제도
오늘도 번뇌 쌓여
삶에 지친 내 육신
어느 비에 젖어
새로운 희망 움틀까

고요한 새벽
봄비 소리 들으며
무릎 꿇고 법당 앉아

부처님께 기원은

탐 · 진 · 치 버리고

계 · 정 · 혜 닦아

길고 긴 여행 마치고

처음 그 자리에

되돌아가는 것

心

소리 없이 찾아온 만추晩秋
옛 도반道伴 떠올라
밤하늘 본다

그곳엔 별도 달도 변함없는데
전해오는 바람소리

아련한 그리움

그것도 허용되지 않는 현실 앞에
표현할 수 없는 나我
이것이 내 마음

방황

아픔으로 널 보내며
시린 가슴 안고
먼 하늘 본다
눈 감으면
가고 싶은 천상 있겠지
언젠가 갈 수밖에 없는 그곳
서둘러 가는 마음
뭘까
사랑, 명예, 돈, 체면……
시간 지나면
모두가
한순간 꿈인데
꿈이 꿈인지 모르는 우리
생과 사 방황하네

어머님

당신의 품을 부둥켜안고
어머님 감사합니다를
외치고 싶습니다
스쳐가는 당신의 숨결마다
따스한 사랑을 느꼈습니다
어제 불던 바람
당신 사랑 더 가슴 깊이
심어주었습니다
어머님 내일은 어버이 날입니다.
카네이션 달아 드리고 싶습니다만
출가자이기에 뜻으로만 전해오니
부디 만수무강 하옵소서

환상

알 수 없는 고독이
촉촉이 젖어드는 밤
누군가 날 부르는
소리 들리네
멀리 떠난 그리운 여인의
숨결 소리인 듯
바람결에 달려오는 너의 몸짓인 듯
얼어붙은 내 창을 두드리네
기다리는 마음 있어
행복해지는
아름다운 밤이 있어
내 기도가 빛나는 밤
살포시 찾아오는 봄의 입김처럼
새움 돋는 젊음의 날개 위로
아득히 살아나는 너의 목소리

미소

해맑은 웃음으로
미소 띠었다
가슴에 맺힌
고독은
입속의 빙수처럼
달콤하여
가슴깊이 스며든다
고동의 그 시간
꿈속에서 본 옛 기억처럼
희미하게 맴돌고
네온사인 반짝이는
분수처럼
밝게 퍼지는 기쁨은
해 밝은 미소 향해
달려간다

무언

숨조차 멎었다
할 수 있는 말
그것은 무언입니다

사랑하는
사랑하고픈
널 잊기 위해
머금는 아픔
섣달의 추위보다
유월의 더위보다
더 큰 상처입니다

네 모습이
바람처럼 왔다
이슬처럼 사라졌으면
이 시간
타인을 위해

새로운 기도 드렸을 텐데

널 향한
내 사랑은
이슬은 아니었나 봅니다
잊기 위해 눈 감으면
밝게 떠오르는
웃음 머금은 그 얼굴
아!
저려오는 가슴
울부짖는 그리움
불타는 사랑

숨조차 멎었다
할 수 있는 말
그것은 그냥 무언입니다.

미로

걸어온 길
되돌아보면
생로병, 희로애락
얻은 건 탐진치
잃은 건 내 모습
참자유 찾아
다시 걷지만
보이지 않는 손에 잡혀
오늘도 헤맨다

행복

아리따운 그대들
고운 꿈 행복
청실홍실 엮어
백년가약 약속했다네
둘이 만나 하나 되어
검은 머리 파뿌리 되길 기원하는 날
오늘은
마냥 어릴 것만 같던 그대들이
ㅇㅇ군은 지아비 되고
ㅇㅇ양은 지어미 되어
어른이 되었다네
울려 퍼지는 결혼 행진곡처럼
찬란한 행복이 펼쳐지길 기원하며
이 아름다운 날 축복을 고이 접어
그대 앞에 바칩니다
부디 행복하소서

無常

조용히 앉아 슬픔을 머금은
그대 눈동자에
촉촉이 모여드는 이슬은
지난 젊음이
한 조각구름처럼 보이면서
쓰라림을 잉태한다
테스같이 청조한 아름다운 그 아미
미소 흐르지만
공허함으로 가득하고
감추려, 감추려 뿌리는 엷은 웃음은
안타까움 수놓는다
떠나버린 젊음
빛바랜 이상
떠나면 떠난 채로
아쉬우면 아쉬운 채로
그냥 그렇게 살자꾸나
초여름 장미 같은 정열

하얀 손 흔들며 임 찾아갔으면

국화의 완숙함으로 살라

삶 그 모두가

생로병사이 길목인 걸

어디서 멈추었다 한들

그 눈으로 말할 수 있겠는가

모두가 아쉬움, 허전함뿐인 걸

떠나버린 젊음

기다리다
기다리다 지친 몸으로
청춘의 끝에 서서 젊음을 돌이켜본다
즐거웠고 아팠고 쓰라렸던 추억들
달리는 버스의 차창 밖처럼
물 위의 수채화 물감처럼
망막 속에 사라져 버린다
어딘가에
엷은 흔적을 찾아
시린 손으로 기억 매만져 보지만
시체처럼 냉기만 내뿜는다
가고
가보고 싶지만
돌아오지 않는 젊음
흘러간 그 시절
모두가 사라진 가슴에
추억의 메아리만 희미하게 보인다.

하루살이

땅거미 기어오는 설익은 밤
쑥대 쌓아 불 피고 맷방석에 둘러앉아
할배, 할매 모기 스쳐간 추억담에
배꼽 잡으며 자지러진나

밤 깊어 중천 뜬 달빛 고와
은하수 더 빛나고 그 밑에 서성이는
아빠 엄미 모기 모두 행복 셔워 보여라

아스라이 타버린 쑥대
이따금씩 한 모금 연기 뿜고
어느새 찾아온
늙은 하루살이
흐느낌 속에 몇 바퀴 윙윙 돌더니 그 속에 들어가
生 마친다

萬物의 生死가

정해진 운명의 놀음일진대 늙은 하루살이여
작은 시간에 먼저 감을 슬퍼마라
내일이면 나도 그대 곁에 누워 있으리니

삶

천 갈래 만 갈래 그리움
아름다움 되어
하나하나 그대에게 전하오니
愛情싣고 幸福싣어
삶의 얼굴 활짝 피어라
人生이란
더없는 구름이요 자욱한 안개 같은 것
탐貪 진瞋 치癡 어느 것에 집착하랴
빈손으로 왔다 빈손으로 가는 그 길
情나누고
마음 나누고
物 나누어
善 듬뿍 쌓아
먼 훗날 가시는 그 길 극락에 들거라

入門

맨 처음 부처님 보고 중 될라 했지
그리고 스님 보고 중 되려 했지
다시 부처님 말씀 읽고, 보고, 듣고 중 될라 했지
이젠 모든 형상과 집착 찾아 내 마음 버리려
부처 될라 중 됐지

念願

알 수 없는 산새소리
새벽마다 날 반기고
날마다 수도의 의미 새롭게 한다
남은 세월 정진하면
내 본래 모습 찾을까
그땐 새벽마다 울어주던
산새소리 알 수 있을까
俗世의 모든 인연 끊고
道에 나섰으면
몸 받쳐
용맹 정진해 그 원願이루리라

요술쟁이 부처님

덜 깬 몸 이끌고
법당에 들어서면
근엄한 부처님 옷깃 새롭게 한다
절 할 적마다 뵙는 부처님
어느 순간엔 인자하게
어느 순간엔 노여움 가득
또 어느 순간엔 염려와 걱정이
또 다른 어느 순간엔 다정다감한
모습으로 내게 오신다

우리는

千年의 因緣
아름다운 沙門되어
現生에 만나니
그것은 우리의 幸福

긴긴날 알 수 없음이 허전함 되어
늘 가슴 한쪽 비웠는데
여명의 햇살처럼 내 가슴 채워
이제는 포만감으로 幸福에 젖네

길고 긴 새로운 기다림
더 할 수 없는 나의 因緣
이젠 그대 속에 내가 되어
내 속에 그대 되어
아름다운 沙門에 길 함께…….

三千浦

오랜 그리움
걸망 하나에 몸 싣고
찾아간 三千浦
정겨운 모습
왠지 고향 같다

그곳에 道伴도
동백꽃도
동박 소리도 있고
푸르른 하늘
높은 산
청룡사도 있다

대웅전

신선한 가을바람 타고
한 사람 한 사람 찾아온 송광사
한 치 앞을 보지 못하는 눈으로
과거, 현재, 미래 삼세 부처님 전에 귀의한다.
과거 부처님께는 업장소멸을
현재 부처님께는 소원성취를
미래 부처님께는 성불을 기원한다.
거룩하신 부처님 없는 미소로 대답한다.
지금
나와의 이 인연이 성불이라고

봄春

긴 기다림에
춥고도 추운 겨울지나
새 생명 기운도는
봄날 왔습니다

땅에도 봄은 왔고
여인네 옷차림 속 봄도 왔고
불어오는 바람에도 봄은 왔습니다만

아직도
가슴 깊은 곳에
시린 겨울 남아

전생업이
새 발걸음 힘차게 걷지 못하고
이곳저곳
방황케 합니다.

밝은 눈으로 보이는 길
그대로 걸으면
그곳에 꽃도, 행복도, 희망도 있는

그대로 봄인데…….

이제는

이제
그만 방황하겠습니다
강렬했던 폭염처럼
당신을 향한 끝없는 그리움에
터질 듯한 고통을 안고
봄을 기다리는 제비꽃처럼
기나긴 겨울 지냈건만
내게는 결코 꽃이 피지 않았습니다
잊혀지는 추위 속에
약하디 약하게 한 순 한 순 돋았지만
당신의 눈동자에 이내 떨어지고
더욱 공허한 몸이 되어
찬바람에 앙상하게 남습니다
앙상한 몸을
스치지 않고 지나치는
당신의 즐거운 휘파람에
타인보다 먼 남이 되어

내 곁을 떠나가고
목마른 대지 위에 떨어지는
봄비
내 마음에 남아 있는
당신의 그리움 씻고
남쪽에서 오는 따스함에
새 돛을 단 조각배처럼
새로운 나래 펴 봅니다
숨 막혔던
지난날
내게 사랑을 심어줬던
당신의 행복을 빌며
이제는
그만 방황하겠습니다

그리움

어둠은
무언으로 드리운
망막처럼 차분한 빛깔
나 아닌 너와
너 아닌 나만의
마음
오직
나의 기원은
멀리 아주 멀리
너를 닮는 것
고향 냄새처럼
홀로 있는 밤에도
숨 막히도록 사무친 날에도

달

내가 가면 따라오고
내가 멈추면 너도 멈추네
하얀 달이 대추나무 위에 걸려
난 달 삽으러 나무 위로 올라갔네
달은 뒷걸음쳐 달아나고
나 혼자만 대추나무 위에서
하얀 달을 쳐다보고 있네

해 설

용맹정진하기까지의 멀고 긴 행로

이재무(시인)

성화 스님의 시집 『오랑캐꽃』을 일독하고 난 느낌은 '사랑의 허기와 방황 그리고 구도에의 길' 바로 그 느낌이었다. '오랑캐꽃' 하면 우선 이용악의 시 「오랑캐꽃」이 떠오른다. 이 시는 1920년대 이래 가혹한 식민지 경제 수탈로 인해 고향을 등지고 만주 등지로 떠나야 했던 당시대 우리 민족 구성원의 고달픈 유랑의 삶을 대변하고 있다. 1930년대 들어 더욱 극심해진 일제의 수탈과 만주 침략을 위한 이민정책은 유랑민들의 수를 더욱 급증하게 만들었는데, 나라를 빼앗기고 오랑캐 처지가 되어 국경 너머로 쫓겨나야 했던 이들의 삶의 궁기를 시인은 예의 '오랑캐꽃'을 통해 현실감 있게 보여주고 있는 것이다.

그런데 성화 스님은 왜 하고 많은 자연 사물 가운데 이와 같은 아픈 역사적 사연을 지닌 '오랑캐꽃'을 시집의

제목으로 삼은 것일까. 스님의 시편들을 통독하고 나서야 나는 그 이유를 어렴풋하게나마 짐작할 수 있었다.

그것은 검사로서의 꿈을 포기하고 공무원 생활을 하다가 출가하여 사찰의 주지와 사회복지시설 기관장을 걸친 이력과 무관해 보이지 않는다. 흔히 문학과 현실은 유추적 관계라고 말한다. 스님이 쓴 시편들을 통해 스님의 일대기를 재구성해 보았다.

누구나 청년기에는 질풍노도의 시기를 통과의례처럼 겪는다. 생각하기에 따라서는 젊은 날의 좌절과 방황은 무절제한 낭비가 아니라 빛나는 소비일 수 있다. 하지만 어떤 이에게는 되돌아보고 싶지 않은 통각의 잿빛 회한으로 기억될 수도 있다. 청년기에 겪은 파란만장과 요철의 경험이 인생의 밑거름이 될 수도 있지만 평생의 트라우마가 되어 생의 질곡을 불러오는 요인으로 작용할 수도 있는 것이다.

그렇다면 스님의 경우는 어떠한가. 스님의 청년기를 거쳐 간 아픈 사랑은 스님의 생에 지울 수 없는 화인을 깊게 남긴 것 같다. 시집 속 많은 시편들 속에서 우리는 그것을 확인할 수 있기 때문이다. 스님은 자신의 젊은 날을 온통 통각의 회한으로 되돌아보고 있다. 터진 곳을 여미느라 여린 살갗을 통과하는 바늘처럼 구구절절 통한이

배여 있는 것이다. 아직 감정의 물기가 빠지지 않은 시편들도 자주 눈에 띈다. 정확한 내용을 알 수는 없으나 시편 내용으로 짐작하건대 죽음과도 같은 사랑의 화염에 쌓여 젊은 날을 온몸으로 울고 보낸 것으로 보인다. 이런 경우 사랑의 대상은 절절한 그리움보다는 원망이나 저주의 대상이 되기 쉬운데 시인은 극히 예외적인 경우를 제하고는 온통 애틋한 정서로 일관하고 있다. 시인의 늙은 몸속엔 아직 귀때기 파란 청년이 살아 있어 시시때때로 그리움을 불러오고 충동질한다.

삶 그 자체가 만남과 헤어짐의 정거장인 걸
다 늙어버린 지금에 와서
새로운 고독이 싸드는 건
아직도 마음 한쪽에 情 이라 불리는
아쉬움이 남았나보다

비가 내린다
비가 온다
비 맞으며 어디론가 걸어야지
그 아쉬움 되새기며……
그리고 두 손 모으고 그의 행복 빌어야지

—「이별」 부분

시인의 가슴속에서 '새로운 고독'이 싹트고 있다. 이 고독의 샘은 도통 마를 줄을 모른다. 퍼 올려도 퍼 올려도 금세 다시 고이는 고독의 우물. 우물 안에 물을 관장하는 여인이 존재하는 한 이 고독은 시인의 생의 종착까지 함께 하리라. 그러므로 이 시인에게 있어 추억의 여인은 고독의 어머니인 셈이다. 인간 육신은 늙고 병들어도 감정은 잘 늙거나 썩지 않는다. 아픈 기억처럼 유구한 것이 어디 있으랴. 나이가 들면 나는 더 이상 세계의 중심이 아니다. 내가 세계의 중심일 때는 세계 안에 편재하는 사물들은 나를 향해 다가오지만 내가 더 이상 세계의 중심이 아닐 때는 세계 안의 사물들이 나로부터 하나둘 멀어지고 사라져 간다. 그래서 나이가 들어갈수록 오는 것보다는 가는 것들이 더 자주 눈에 밟히고 가는 것들이 내는 소리가, 귀에 더 크게 들어오는 법이다. 하지만 우리의 시인은 경우는 다르다. 적어도 사랑에서만큼은 아직 늙지 않았다. 여전히 중심에서 물러서지 못하고 있는 것이다. 물리적 차원에서는 이별을 인정하고 있지만 심리적 차원에서는 아직 그 대상을 보내지 못하고 있는 것이다.

시인에게 사랑은 달콤새콤한 맛이 아니라 광포하고 난폭한 아픔으로 기억되고 있다. 그러기에 사랑의 기억이 더욱 아프고 또렷하게 되살아온다.

처음
사랑을 연습할 땐
황홀한 기쁨으로 알았는데
사랑을 배워
사랑을 느끼면서
황홀만이 아니란 걸 알았습니다

광폭한 파도가 밀려오기도
난폭한 회오리가 불어오기도

—「못다 배운 사랑」 부분

오늘도 한잔의 추억을 마시고
꺼져가는 저녁놀을 빗 삼아 거닐어 본다
손길 와 닿는 곳마다
눈길 머무는 곳마다
알알이 맺힌 잊히지 않는 기억

—「먼 훗날」 부분

시인의 대상에 대한 그리움이 어느 정도인가를 우리는 다음의 시편을 통해서도 나에 속한 감정으로 실감할 수 있다.

눈 덮인 정상에서
바라보는 덕유산
한 폭의 동양화다
뛰는 심장의 고동
함성으로 외치며
야호!
힘차게 불러본다
메아리쳐 돌아오는 너의음성
산사나이 가슴에 순정을 심어준다
보고파라 님의 모습
그리워라 나의 사랑

—「덕유 사랑」 전문

가장 아름다운 풍경을 만났을 때 생각나는 사람이 있다면 그는 사랑에 빠진 사람이다. 가장 맛있는 음식을 앞에 두고 생각나는 사람이 있다면 그는 사랑에 빠진 사람이다. 시인은 지금 덕유산 정상에 서 있다. 야호! 하며 함성을 지른다. 그럼에도 마음은 바람 든 무속처럼 헛헛하다. 아름다운 풍경을 함께 하고 싶은 사람이 지금 곁에 부재하기 때문이다.

이 밖에도 많은 시편들에서 시인은 대상의 상실에 대한 아픔, 고통, 회한 등속의 감정과 더불어 애틋하면서도

절절한 그리움을 노래하고 있다. 예컨대 「무언」「이별」「안개」「못 잊어」「까치」「추상」「가까이 하기엔」「추억」「환상」「작은 사랑과 큰 이별」「눈물」「아쉬움」「방」「이름 없는 꽃」「소녀야」「사랑」「이제는」「물망초」「나의 꿈 나의 사랑」「향수」「이름 없는 새」「못 다한 사랑」 등 속의 시편들에서 우리는 시인의 아프고 괴로운 사랑의 감정을 내 것으로 실감할 수 있다.

구도의 길

시인은 참으로 오랜 시간 동안 아프고 힘든 별리의 터널 속에서 더듬이 잃은 갑각류처럼 삶의 방향성을 잃고 더듬더듬 숨차게 걸어 나와 마침내 광명의 빛으로 환한 구도에의 길에 들이시게 된다. 방황의 시간이 고되고 길었기에 그 빛은 더욱 찬연하다. 냇물 끝에 강물이 열리고 강물 끝에 바다가 처음 열리듯 시인 앞에 마침내 방황의 길 끝 구도에의 새 길이 가까스로 열리게 된 것이다.

천근이나 되는 마음 안고
율동공원 영장산 자락 오른다
땀 뻘뻘 흘리며 한 시간쯤 산행하니
정상이다
산을 정복했다는 포만감이 찾아온다

뭇사람 발길 따라 걸으니
집도 있고, 놀이터도 있고, 공터도 있다
허무함이 찾아든다
숨도 참고, 아픈 다리도 참고
앞만 보고 힘든 길 올라왔는데
어린아이 놀이터라니
우리 인생도 이와 같겠지
어떤 이는 부모 잘 만나 그곳에 있고
또 어떤 이는 왜 그곳에 있는지 모르고 있겠지
우리네 삶의 목적이 정상이라면
얼마나 서글플까
그래도 다행인 건
걸어서 올라간 그 길, 그 시간이 내게 소중하다는 것
그래서 보람도 기쁨도 행복도 건강도
내 것이란 것이다

—「산행」 전문

사람들은 산행을 할 때나 인생을 살아갈 때 목표지향성을 갖는다. 최종적인 목표는 정상 등극이다. 이런 이유 때문에 '만인의 만인에 대한 투쟁'을 마다하지 않는다. 먼저 정상에 등극하는 자가 곧 성공한 자이기 때문이다. 승자독식의 우리의 현실은 일등만을 인정하고 우대한다.

하지만 그러한 삶이 과연 정상적일 수 있을까. 참다운 삶은 등정이 아니라 登路에서 만족감을 얻을 때 가능해진다. "걸어서 올라간 그 길, 그 시간"이 "내게 소중하다는" 인식이 필요한 것이다. 과정을 즐길 줄 알 때 삶의 진정한 가치를 맛볼 수 있는 것이다. 우리는 등정이 목표가 아닌 등로에서 만족할 줄 아는 삶을 살아야 한다. 위 시편은 시인이 오랜 방황 끝에 어렵게 얻은 지혜가 아닌가 여겨진다.

이러한 성찰 끝에 시인은 미침내 구도에의 염원과 의지를 강하게 피력하는 지경에까지 이르게 되는데 아래 시편을 통해 우리는 그것을 확인할 수 있다.

알 수 없는 산새소리
새벽마다 날 반기고
날마다 수도의 의미 새롭게 한다
많은 세월 정진하며
내 본래 모습 찾을까
그땐 새벽마다 울어주던
산새 소리 알 수 있을까
속세의 모든 인연 끊고
道에 나섰으면
몸 바쳐

용맹정진해 그 願 이루리라

—「念願」 전문